chili verlag

Jutta Gornik

Am Meeressaum

Gedichte

chiliverlag

Lyrik im chiliverlag:
Pfeffrige Sünde – Habanero Red, Anthologie
poesía del paraíso infernal, Yves Drube und Luduing Rodríguez
So (ne) Nette, Lyrische Poesie der Gegenwart, Sonett-Anthologie
Duftender Sake – Lyrische Schnapsideen, Günter Langenberg
Glasaugenstern, 101 Gedichte von Alex Dreppec
Stroblumenstörung, Politische Dichtung der Gegenwart I
Fassadenflucht, Politische Dichtung der Gegenwart II
Herzschlaf, Gedichte und Kurzprosa über Trauer, Trost und Hoffnung
Stimmwirbel – Gedichte, Michel Ackermann
Abschreibungen, Lyrisches und Satirisches von Stefan Krückmann
wir wölfe – Gedichte, Eine poetische Hommage an unsere Tierwelt
Pappalappa Mirzapan, Gedichte für besondere Kinder
Tanze mit Raketenschuhen – Dance with Rocket Shoes, Wissenschafts-gedichte – Science Slam Poetry, Alex Dreppec
die aus der kälte kommen – Porträtgedichte, Jutta Pillat
Klagelied winterzu – Gedichte, Fritz Deppert
Im Traum der dich nicht schlafen lässt, Gedichte, Thomas Rackwitz
Saisonlyrik, Jürgen Zimmermann
federleicht – featherlight, 111 Haiku & Senryu, Pitt Büerken

1. Auflage Mai 2018

Gestaltung, Layout, Lektorat, Titel: chiliverlag
Coverfoto (bearb. chiliverlag) sowie S. 23, 25, 40: Kristina Chowanetz
Backcover (bearb. chiliverlag): CC0 Creative Commons
Fotos S. 19, 67, 74: Jutta Gornik
Fotos S. 5, 6, 29, 31, 55, 70, 72: Claudia Reichmann

Detaillierte bibliographische Daten sind unter http://dnb.ddb.de bei der Deutschen Nationalbibliographie abrufbar.
Printed in Germany
ISBN 978-3-943292-66-4 **www.chiliverlag.de**

Im Süden am Meer

Noch sehe ich
vor unserem Haus
den Oleander blühen
seh sanft und blau die
Meereswellen ziehen

Es ist die Mittagstunde
Die Sonne brennt so sehr
Die Grillen zirpen
in die Stille
Die Straßen menschenleer

Wie ist die Luft
jetzt schwer
vom süßen Duft
aus Rosen
und Jasmin

Eine Pinie
lockt mit Schatten
und einem schönen Traum
Gar viele Male ruhte ich
wohl unter diesem Baum

Vorbei die schöne Zeit
im Süden an dem Meer
Es gibt dies Paradies nicht mehr
Alles vorbei alles weit
Alles schon lange her

INHALT

Am Meeressaum

Fast schon Tag

Wie bleich
ist dein Gesicht
im Schein des Mondes,
der durch
die Wolken fliegt,
als wolle er
die Morgenröte
holen, damit sie
die Dunkelheit
vertreibt.

Wiegend
baden sich
unsere Schatten
in den Wellen
am Meeressaum
unter einem
Baldachin
voller Sterne,
der über uns
gespannt.

Weit in
der Ferne
erstrahlt
plötzlich
ein Licht,
ergießt sich
über das
Firmament
bis hinunter
auf das Meer.

Rosa Schleier
tanzen darin.
Dein Antlitz
ist wie mit Gold
übergossen.
In deinen Augen
aber funkeln
noch immer
die Sterne
der Nacht.

Erwachen

Es flieht die Nacht
auf rosa Schwingen,
wenn sie den Morgen
nahen sieht von fern.

Sie nimmt die Träume
von den Schläfern,
sie nimmt vom Himmel
auch den letzten Stern.

Mit neuem Licht
der Morgensonne
bricht jetzt Erwachen
in die Welt hinein.

Die Träume ziehen
zu geheimen Orten
und hüllen sich in
zarte Schleier ein.

Abschied einer Rose

Auf meine Hand
die auf Papier
gebeugt
Wehmut in Worte
kleiden will
tropft still
ein Blütenblatt

Verblichen
matt
in Purpur
fällt leise
es herab
wie eine Träne
rot von Blut

Es schweigt
die Hand
die klagen
wollte
in Kummer
klein und
erdenschwer

Versiegt
sind
meine Worte
vor diesem Tod
So stumm
So schön

Mein Herz

Mit dem Schmetterling
flattert mein Herz
über die Wiesen, die grünen,
unter den Wolken, den blauen,
hin zu den hellen Wassern,
die plätschernd springen
in verschwiegener Au.

Und in dem Gold der Sonne
wird mein Herz rasten
wie der Schmetterling
auf einem Blatt.

Unterwegs

Bin weit gewandert
über Berge hoch
und durch der
Täler sattes Grün.
Sah manchen Fluss
im schnellen Lauf.
Sah Wälder dicht
mit Dämmerlicht.
Ich kehrte ein
in gastlich Haus.
Kam vielen nah,
die ich dort traf.
Doch als der Abend
lange Schatten warf,
da sehnte ich mich
nach daheim.

Meeres Tiefe

Wiege mich Woge
weit
über welliges Wasser
Sand
säumt meinen Weg
Und endloses Rauschen
durchströmt mein Ohr

Nimm mich mit
hinab
in finstere Tiefen
vorbei
am schroffen Gestein
umtost
von ewiger Flut

Gleiten Leiber
silbrig glänzend
ziellos streifend
lautlos
durch die hohen Hallen
Schemen nur
im Höhlenlabyrinth

Einst jedoch
durchbrachen
Menschen
sterbend
diese Stille
Ihr stolzes Schiff
zerbarst im Sturm

Aus schwarzem
Schlund ragt
geisterhaft
der breite Bug
steil himmelwärts
Ist Tummelplatz
dem Meergetier

Andere Tage

Früher waren
die Tage anders.
Sie hatten mehr Zeit.

Wie bunte Ballons
hingen sie in
den Bäumen
oder schaukelten
quietschend
über duftende
Blumenwiesen.

Früher waren
die Tage anders.
Manchmal waren
sie auch voller
Langeweile
und wollten
nicht vergehen.

Wenn ich den
anderen Tagen
in schönen Träumen
begegne,
frage ich sie,
wohin sie
verschwunden sind

Ohne Abschied,
damals am Ende
meiner Kinderzeit.

Symphonie des Lebens

Wer schreibt sie dir?
Wer spielt sie ein?
Ein Kunstwerk
wird sie immer sein.
Mal Moll, mal Dur,
mal voller Wehmut
und getragen.

Du selbst hast
zu dem Werk nicht
viel zu sagen.
Irgendwann
endet dann
deine Symphonie
mit Paukenschlagen.

Alles weht

Weht dahin,
alles, was der Mensch erdacht.
Weht dahin,
alles, was der Mensch gemacht.

Alles fließet ewiglich.
Alles ist Ende, alles Anbeginn.
Alles fließet dahin.
Ewiglich.

Mit den Jahren

Die Farben verblassen mit den Jahren.
Die Töne, die einst glockenhell waren,
gibt es nicht mehr.

Kaum etwas ist mehr des Streites wert.
Und Freuden, die gewährt,
sind klein und still.

Der alte Tag

Das Abendrot schwimmt
ausgebrannt davon.
Nur Glimmen noch.
Ein letzter Sonnenstrahl
stiehlt sich vom Dach.
Schon zieht die
Dämmerung heran.

Weiß wallt der Dunst
von naher Au,
zieht weit dahin
durchs stille Tal.
Viel falsches Licht
erhellt die Nacht,
stört fern die Sterne.

Kühl küsst die Nacht.
Aus dunklen Nischen
lösen Schatten sich.
Stumm gaukeln sie
im Mondenschein
ihr Geisterstück
und treten wieder ab.

Durch Dunkelräume
schweben
zarte Falter.
Federleicht.
Lautlos.
Ziellos.
Wie Gedanken.

Der alte Tag
schleicht aus
dem Erdenkreis.
Er schreibt sich ein
ins Buch der Zeit.
Dann taucht er
In die Ewigkeit.

Am Fluss

Unten an dem Fluss,
wo eine alte Weide steht,
schaue ich dem Wasser zu.
Es spielt mit meinem Fuß.

Des Baumes Äste neigen
sich bis in die Flut hinein,
und wenn der Wind sie hebt,
dann tropfen sie im Sonnenschein.

Es ist viel Stille rund um mich,
nur manchmal hör ich’s plätschern,
wenn eilend Wasser Steine trifft
und aus der Bahn sie wirft.

Unten an dem Fluss,
geht alles Zeitmaß mir verloren.
Häng endlos den Gedanken nach.
Das Wasser spielt mit meinem Fuß.

Wüstensturm

Sehe Kamele
im See aus Salz.
Sehe Paläste
flirren in Glut.
Trugbilder nur.
Und darüber
wandert
säuselnd
der Sand.

Zieht heiß ein
Sturm heran,
löscht
fliegend der Sand
das Sonnenlicht,
zieht fahlgelb
ein Leichentuch,
endlos weit und
ewig singend.

Andalusischer Traum

Mir träumte
von lieblichen Gärten
im flutenden Sonnenschein,
von hohen schlanken Zypressen
in einem verschwiegenen Hain.

Mir träumte
von plätschernden Brunnen
im luftigen Säulenraum,
von wispernd wehenden Winden
um einen Feigenbaum.

Mir träumte
von schimmernden Blüten
in schwerer, schwüler Luft,
vom Klagen einer Gitarre,
betörend wie der süße Duft.

Mir träumte
von einer roten Festung
mit Blick weit in das Land,
von glänzenden Mosaiken
und Arabesken an der Wand.

Mir träumte
von schroffen Bergesriesen,
die Häupter schneebekränzt,
erhoben über alle Gärten,
von Sonne goldbeglänzt.

Ich träume
mich hin nach Granada,
verfalle dem Zauber im Traum.
Ich höre den Muezzin rufen
bis hin zu dem Feigenbaum.

Heimweh

Er steht
in einer fremden Stadt.
In einem fremden Land.
Es ist so still,
so anders still,
als dort bei ihm daheim.
Er ist allein.

Und wenn der Wind
aus Süden weht,
wenn voll der Mond
am Himmel steht,
dann zieht sein Herz
in stiller Dunkelheit
davon so weit.

Und wenn der Wind
durch Blätter rauscht
ist ihm,
als ob dem Meer
er lauscht,
ist ihm, als wäre
er daheim.

Und wenn der Wind
nach Süden weht,
hält er es nicht mehr aus.
Dann zieht er
mit dem Wind
davon
nach Haus.

Er steht in einer
fremden Stadt.
Sein Herz ist schwer.
Es schmerzt so sehr.

An das Meer

Meer, du mein Meer,
von fern komme ich her
mit Sehnsucht in der Brust
und unstillbarer Lust
auf deinen Wiegegesang
im stetigen Wellengang,
auf den Geruch nach Tang.

Wie endlos sind deine Weiten,
auf denen die Winde reiten
mit den Geheimnissen der Zeit
und Botschaften an die Ewigkeit
im Wechsel gewaltiger Gezeit,
bis fern am Ende der Welt
der Himmel in die Fluten fällt.

Demutsvoll stehe ich jetzt hier
mit den Füßen im Sand.
Meine Blicke ruhen auf dir.
Und was mir feucht
im Auge gebrannt,
war salzig und
dem Meer verwandt.

Noch einmal zurück

An die Plätze meiner Kindertage
kehrte alt ich nun zurück,
sah aus meinen müden Augen
auf lang vergangenes Glück.

Lag wie einst auf Moses Teppich
unter einem grünen Blätterdach,
sah mich barfuß springen
im versteckten Waldesbach.

Durch die Blätter drang nur spärlich
von dem hellen Licht der Sonne,
warf mit vielen Mustern herrlich,
leuchtend auf den kühlen Grund.

Hörte rufen, jauchzen, lachen
einer frohen Kinderschar,
sah mit einem Lächeln,
dass ich eines dieser Kinder war.

Das Lied

Gar lieblich klingt
an manchen Tagen
ein Lied in
meinem Ohr.

Es ist ein Lied
aus Kinderjahren.
Es rührt mich tief,
lockt Tränen mir hervor.

Die Mutter sang es
stets an meinem Bette.
Ich lag dabei
in ihrem Arm.

Nie wieder
war ich so geborgen.
Nie wieder war es
mir so warm.

Mutter, sag

Mutter, sag,
wie ist das Leben,
wenn ich groß
geworden bin?

Mutter, sag,
wie ist die Liebe,
wenn sie erwacht,
bin ich erblüht?

Mutter, sag,
wie ist das Sterben,
wenn ich alt
geworden bin?

Mutter, ach, so
stumm bist du
geworden und
so fern von mir.

Stolperstein

Mag manchen Stein
nicht missen
der mir im Wege lag
Kämpft gegen ihn
verbissen
den lieben langen Tag

Bemerkte erst
viel später dann
wofür der Stein
hat gutgetan

Glückliche Stunden

Ich wollte von
allen
glücklichen
Stunden
einmal
alle
unglücklichen
Stunden
abziehen.
Es ging nicht.

Lange Briefe

Lange Briefe
geschrieben
in der Nacht.

Nicht abgeschickt.

Reichtum

Für den Reichtum
des Lebens
gibt es
keine Währung

Der Weg

Den Weg,
den kenne ich.
Ich kenne ihn
im Morgenschein.

Ich kenne ihn
im Abendschein.
Ich gehe diesen
Weg allein.

Der Weg ist weit.
Mitunter schwer.
Kein andrer ging
darüber her.

Ich werde ihn
zu Ende gehen.
Wie weit er ist,
das weiß ich nicht.

Nur eines ist gewiss,
irgendwann führt
dieser Weg
ins Licht.

Traurigkeit

Oh Traurigkeit, du Gnadenlose,
die aus der Nacht du steigst
wie eine wunderschöne Rose
und lockend dich verneigst.

Du bist voll süßer Bitterkeit,
mit der das Herz du füllst,
mit der du Tränen bringst und Leid
und Seelen schwarz verhüllst.

Oh, Traurigkeit, du dunkle Schöne,
die du aus Schmerz zu schöpfen weißt,
die du geheimnisvoll entstehen heißt,
was einzigartig in des Tages Helligkeit.

Abende

Jetzt gehören die Abende
wieder mir.
Die Abende
mit Vogelsang.
Die Abende
voll linder Luft.

Bald wird der Duft
von Flieder sie erfüllen.
Bald wird seidig Licht
die langen Nächte hüllen.
Und sie werden
getragen sein von Heiterkeit.

Der Mond wird schön sein.
Jungfräulich mir nah.
Er wird meine
Seele berühren.
Und sie wird klingen
in der Dunkelheit.

Jetzt gehören die Abende
wieder mir.

Leichte Tage

Bin meiner Zeit entwachsen.
Weiß gar nicht, wann das war.
War gestern doch erst zwanzig.
Nun hab ich graues Haar.
Versteh die Welt nicht mehr,
denn was ich ward gelehrt
von Sinn, von gut und recht,
ist heute nichts mehr wert.

Ich weine den leichten Tagen nach.
Dem froh beschwingten Gang,
dem Morgenlicht, dem Himmelsblau.
Mein Weg ist nicht mehr lang.

Hab irgendwann vergessen
wie es mal war, sehr jung zu sein,
mit Träumen hoch zu fliegen
in Sehnsucht ganz allein.
Hör Lachen von Verliebten
in einer lauer Sommernacht.
Da hat mein müdes Herz
sich ganz weit aufgemacht.

Ich weine den leichten Tagen nach,
dem Frühlingsduft im Mai,
und denk dabei auch gerne
an manche Liebelei.

Schau ich in stiller Stunde
auf meines Lebens Kranz,
gewunden mir vom Schicksal
aus Alltag und ein wenig Glanz,
mein ich, dass gestern heute ist
und morgen wohnt schon drin,
denn in der Zeiten Strom
macht Menschenmaß nicht Sinn.

Ich weine den leichten Tagen nach
und jedem schönen Augenblick.
Ich wünschte mir das Morgenrot
und Sommers Gold zurück.

Nun habe ich viel Ruhe.
Hab auch mein Haus bestellt,
worin ein Reigen aus Gespenstern
sich schweigend mir hat zugesellt.
Mir ist es kalt und viel zu laut.
Versteh die Welt nicht mehr.
Und wenn ich um mich schau,
ist mancher Platz schon leer.

Ich weine den leichten Tagen nach.
Der Heiterkeit, dem fröhlichen Gesang,
dem zarten Schmelz der Jugendzeit.
Mein Weg ist nicht mehr lang.

Das Bootshaus

Den Steg hinunter,
am Boot vorbei,
rechts herum
und geradeaus.

Da steht das Bootshaus.
Seit Jahren schon.

Um die Bohlen
schmatzt das Wasser.
Und überall
flüstert das Schilf.

Die Türe klemmt,
Sie knarrt beim Öffnen.

Wie schweres Gewebe
hängt Licht durch den Raum.
Die Dielen ächzen
bei jedem Schritt.

Viel Zeit ist vergangen
seit dem letzten Mal.

Es riecht nach Fisch.
Es erinnert an eine Liebe,
die heimlich und
verboten war.

Überall sitzt Staub,
erhaben und grau.

Sonne zwängt sich durch
Ritzen der Läden,
malt leuchtende Steifen
über den Staub.

Spinnweben verfangen
sich in meinem Haar.

Am Boot vorbei
den Steg hinauf.
Spinnweben zupft der
Wind aus meinem Haar.

Musik, Geliebte

Musik, ewig Geliebte,
die du allen nah.
Die du jauchzst, lachst und weinst,
Menschen in der Freude einst.

Musik, schöne Göttliche,
die du die Tränen löst.
Die du alle Sprachen verstehst,
allen Menschen zu Herzen gehst.

Musik, Vertraute der Seele,
die du weich und zärtlich machst.
Die du keine Grenzen kennst,
die du Jeden dein eigen nennst.

Musik, du einzig Unersetzliche,
die du alle Gefühle schenkst,
begleite bis ans Ende der Welt,
begleite, bis der Vorhang fällt.

Kurz nach Mitternacht

Der Mond war bleich
in dieser Nacht.
Der Schlaf, der lag
wie Wolken schwer
auf tiefem Land.

Das Meer war grün
in dieser Nacht.
Es stürmte wild daher
und schaurig wütend riss
es Stücke ab vom Strand.

Die Dämme brachen
kurz nach Mitternacht,
und das entfesselte Meer
ergoss sich kreuz und quer
vernichtend in das Land.

Der Tod kam
kurz nach Mitternacht.
Die Menschen,
voller Schreck erwacht,
sie hatten keine Chance mehr.

Bleich war der Mond
in dieser Nacht.

Sommernacht

Mir träumte
von duftendem
Lavendel,
von einer lauen
Sommernacht,
von Silbermond
hell auf dem Wasser,
von Stille über
Meer und Land.
Mir träumte,
ich flöge auf
zu den Sternen,
getragen nur
von Glück.
Mir träumte,
ich lag in
deinen Armen
und wollte
niemals mehr
zurück.

Meilenweit

Sonnenglut
Heiß der Staub
Windstill
Stille

August
Mittagzeit
Laufe
zu dir
Meilenweit

Liebe

Oh, du Mein.
Oh, du mein Sein.
Ein jedes Wort
zu klein.

Liebe.
Einzig' Wort.
Der ganze Kosmos
darin.

All mein Sein.
All mein Sinn.

Wenn der Sommer geht

Ich bin so traurig,
wenn der Sommer geht,
ganz leise wie er kam.
Mir ist, als kam er gestern erst,
dabei ist es schon lange her.

Noch spüre ich den linden Wind,
der zärtlich streichelnd wiegt,
der dieses feine Prickeln bringt,
das jedes Herz beschwingt
mit dem Gefühl, als ob du fliegst.

Wie war der Himmel weit.
Wie war er endlos blau.
Kein Wölkchen zog darüber hin.
Nur Möwen kreisten schwerelos.
Und manchmal lachten sie ganz laut.

Auf Wellen spielte Sonnenschein
mit Glitzerperlen ohne Zahl,
warf funkelnd Gold auf jedes Boot
das weiß und stolz vorüberzog,
als sei es auf der Jungfernfahrt.

Voll bunter Tupfer war der Strand.
Die Mädchen liefen drüber her,
hochbeinig und fast hüllenlos
mit windverwehtem Haar,
auf dem die Sonne tanzte.

Welch süßen Duft verströmte der Jasmin
ganz heimlich in mein Schlafgemach.
Wie prächtig hing am Rosenstrauch
der schweren Blüten Last blutrot
vor weißer Häuser Wand.

Zikaden zirpten ihr ewiges Lied
hinaus in das Flirren der Glut.
Sie zirpten endlos von Liebe.
Sie zirpten endlos von Glück,
bis dass der Tag verstrich.

Die Tage waren lau und lang,
die Nächte wie aus Samt,
zum Greifen nah die Sterne.
Und über schwarzem Wellenkamm
floss silberhell des Mondes Pfad.

Ich bin so traurig,
wenn der Sommer geht,
in jedem Jahr und immer mehr,
denn wenn der Sommer geht,
geht auch ein Stück von mir.

Nur ein Lächeln

Nur ein Lächeln
trugst du, als
der volle Mond
sein Leuchten warf.

Überall, da war nur Stille,
schwarz wie Nacht war ihr Gewand,
und aus der hohen Sternenfülle
fiel ein Stern herab in deine Hand.

Es klang Musik so wunderbar,
nicht um uns her, doch in uns drin.
Weit geöffnet floss dein Haar
über Haut wie Alabaster hin.

Nur ein Lächeln
trugst du, als
dich sanft das
Mondlicht traf.

Abendlicht

Das letzte Sonnenlicht
liegt weich
auf deinem Gesicht.

Du lächelst
engelsgleich.

Schweig still

Schweig still, mein Lieb,
es singen die Sterne
überall in der Ferne
ihr ewiges Lied
der Nacht
nur für dich
und für mich.

Nachtgesang

In einer leuchtenden Barke
fliege ich zu dir
durch das Dunkel der Nacht,
umlodert von Flammen,
der Glut meines Herzens
entsprungen.

In der Sterne Funkeln
erstrahlt lockend mir
deine schöne Gestalt,
wie in Silber gegossen,
umweht vom
Hauch der Ewigkeit.

Auf des Mondes Sichel
versinke ich mit dir
in Träumen der Lust,
trinke die Süße der Liebe
wie schweren Wein
aus funkelndem Glas.

In deinen Augen der Nacht
schaue ich den Anfang
der Erde und das Ende
der Zeit, wohl wissend
um die Vergänglichkeit
menschlichen Glücks.

Die Pforte zum Paradies
öffnest du mir
mit der Innigkeit
deiner Umarmung,
in die ich abgrundtief
taumelnd falle.

Wenn dann
der Morgen erwacht,
bettet der Schlaf
uns in ein Meer
aus duftenden
Blumen.

Rauch im Wind

Die süßen Worte verklungen
Die Liebesschwüre dahin
Das Feuer erloschen
Der Rauch zieht
mit dem Wind

Tränenflut

Fielen alle Tränen
der Menschheit
wie Regen
auf einmal
zur Erde
wer würde
der Fluten
Herr

Eines Morgens

Keiner wird mich sehen
wenn ich eines Morgens
früh das Haus verlasse
ohne einen Blick zurück
auf die hellen Mauern
hinter denen die Jahre
meines Lebens liegen
wie leere Hüllen

Keine Tränen werde ich
in meinen Augen dulden
wenn ich eintauche
in den kühlen Dunst
des neuen Tages
wenn ich eins werde
mit dem fahlen Licht
des Himmels Grau

Wie tot werde
ich sein
Aber frei

Schwingen

Hättest du mir goldene Schwingen gegeben,
wäre ich zur Sonne geflogen.
Hättest du mit silberne Schwingen gegeben,
wäre ich zum Mond geflogen.
Doch du gabst mir keine Schwingen
und ich muss auf der Erde bleiben.

Aber das Gold der Sonne
und das Silber des Mondes
sehe ich am Firmament.

Stiller Abend

Die Stille tropft vom Blätterdach,
behäbig, sie hat keine Eile.
Dazwischen huscht noch Sonnenschein,
erhellt den Wiesengrund für eine Weile.

Ich sitze dort, geh' den Gedanken nach,
ganz müßig und versonnen,
schau in das Abendrot hinein,
bin von dem Frieden wie benommen.

Die Nacht

Lange Schatten
eilen
nach Haus
in das Licht
der Häuser.
Klappend
fallen
Läden
vor die
Fenster.

Bläulich
flimmert
es durch
das Zimmer
mit der
schwarzen Couch,
auf der
die Nacht
auf Unterhaltung
wartet.

Zwölfmal
schlägt
die Turmuhr
den Tag
entzwei.

In stillen Nächten

Musik, die lieb vertraute,
zieht einsam durch die Nacht,
schenkt Bilder, oft geschaute,
und die Erinnerung erwacht.

Im Herzen trage ich die Töne.
Dort sind die vielen Bilder auch.
Sie ruhen sanft wie andres Schöne,
umgeben von des Glückes Hauch.

In stillen Nächten steigen sie
vom Herzensgrund hervor.
Und zärtlich trägt die Melodie
in das Bewusstsein sie empor.

Verblassend schweben sie dahin.
Feucht ist das Auge mir und weh der Sinn.

Der Gesang der Sterne

Durch einsam klare Nacht
zieht wundersam ein Klingen,
und meine Seele, die gewacht,
enteilt auf zarten Schwingen
weit in des Himmels Ferne,
wo ungezählte Sterne
ewiglich dort singen
von Gottes Macht
in jeder Nacht.

Tief in der Nacht

Weit nach Mitternacht
Schlaf über dem Land
Vergessen
Träumen
Die Uhr schlägt
So laut
Gedanken glasklar
Sinne geschärft
Wandern
in anderen Sphären
einsam
auf verbotenen Pfaden
Ein Käuzchen
ruft
zerreißt die Stille
Ziehe
wie die Sterne
unendliche Bahnen
einsam
weit nach Mitternacht

Träume

Nachts wehen die Träume
durch Zeit und Raum,
als Boten aus einer
anderen Welt.

Nur manchmal lassen
sie uns einen Hauch
des Erinnerns
zurück.

Spiegel der Nacht

Im schwarzen Spiegel
des Wassers der Nacht
wiegt leuchtend sich
der Sterne Band.
Voll Demut neigen
ihre Häupter tief
die Weiden dort
am Uferrand.

Herbstmorgen

Nicht Vogelsang begrüßt
den späten Morgen,
der weiß die Nebel spannt
dicht über alle Wasser
und über stilles Land.
Doch licht schon scheint
es durch den Schleier,
bis dass der Nebel reißt,
bis alle Kraft vereint
und Sonne gleißt.

Letzte Rose

Die letzte Rose im Garten
tanzt purpurn im herbstrauen Wind,
träumt vom vergangenen Sommer,
der längst in die Ewigkeit ging.

Herbstgedanken

Möchte den dunklen Gedanken entfliehen,
die trist mit den Herbsttagen ziehen,
wie die schwarzen Vögel über dem Feld,
auf dem schweigend schwere Erde
wartet, dass es Winter werde
in der ruhenden Welt.

Leere Felder

Wenn über leere Felder weit
wie klagend Winde wehen,
weint mein Herz, weil es
Winter werden will.

November

Grau gewallte Schleier.
Fahl gebroch'nes Licht.
Rabenschwarze Schreier.
Novembers Totenfeier.

Und du siehst
den Himmel nicht.

Ende November

Ende November.
Der Himmel grau.
Grau und schwer.
Denk an Dezember.
An Lichtermeer.

Ende November.
Die Straßen leer.
Das Herz
schwer.
Weiß nicht, woher.

Ende November.
Regen mit Schnee.
Nirgendwo
Licht und im
Herzen dies Weh.

Denk an Dezember.
An Lichtermeer.
Ende November.
Der Himmel grau,
tief und schwer.

Winternacht.

Stakkato
Tausend
Schritte
auf Asphalt

Winterabend
eiskalt

Eine Ecke
Eine Decke
Ein Mann
auf Asphalt

Winternacht
eiskalt

Morgenrot
Auf der Decke
schläft
der Tod

Der Asphalt
Eiskalt

Schnee

Fahl
der Himmel.
Krähen kreisen.
Frisch gefallen
liegt der Schnee.
Krähen schreien.
Sonst
ist Stille nur.

Wer wüsste es

Wer sagt,
dass der Himmel
blau ist?
Wer sagt,
dass die Blätter
grün sind?
Wer sagt, dass
du bist,
wie du meinst
zu sein?
Wer sagt,
dass die Welt
real ist?
Wer wüsste
denn schon
etwas
genau?

Jahre

Jahre kommen
und gehen
wie Winde.
Sie verwehen
wie Winde
den Staub
der Erde.

Grenzgang

Gehe
über wilde Wasser
schwerelos
über Schluchten
abgrundtief
hinein
in tausend Sonnen
lodernd über mir

Vernimmt
mein Herz
von ferne
liebliche Musik
betörend
verströmt aus
endlosen Gärten
der Wonne

Trete ein
in Lichtes Flut
willenlos
taumelnd
schwebend
nicht wissend
ob es jemals
Rückkehr gibt

Die Autorin

Jutta Gornik wurde am 19. November 1942 in Frankfurt am Main geboren. Schon in sehr jungen Jahren entwickelte sie eine Vorliebe für die Schriftstellerei und veröffentlichte mit 14 Jahren ihre erste Kurzgeschichte. Beim WIESBADENER KURIER begann sie ein Redaktionsvolontariat und wurde dann als Redakteurin übernommen. In diesem Beruf arbeitete sie viel Jahre.

Auch im Ruhestand ist das Schreiben ihre Leidenschaft geblieben, bevorzugt Lyrik, Kurzgeschichten, Texte für Kinder. Jutta Gornik hat überregional in Zeitungen, Zeitschriften und Anthologien veröffentlicht. 2014 erschien ihr Buch „Schön war's", 2017 „Als ich Volontärin war", beide Lorbeer-Verlag.

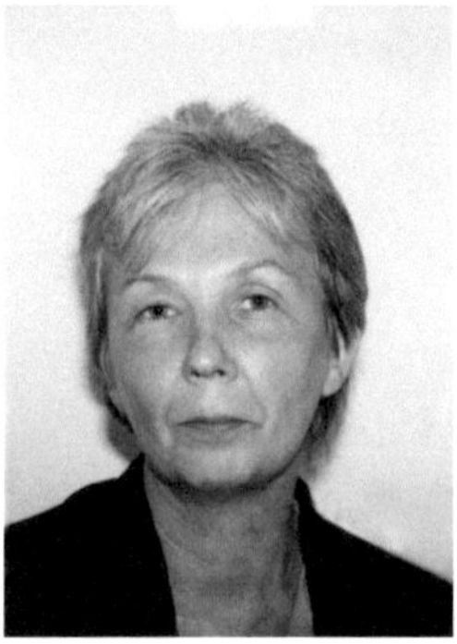

Was das Gedicht nicht zu sagen vermag,
ist der Rede nicht wert.

Thomas Rackwitz

Fassadenflucht – Politische Dichtung der Gegenwart II

Hrsg. Franziska Röchter, September 2015

chiliverlag, ISBN 978-3-943292-32-9

208 Seiten, EURO 9,90

Diese zweite Sammlung politischer Dichtung der Gegenwart knüpft an das Anliegen des Bandes I (Strohblumenstörung, chiliverlag 2015) an, Meinungen, Überzeugungen, Stimmungen zum aktuellen politischen Geschehen und zu gesellschaftlichen Realitäten der Gegenwart mit Blick auf Vergangenheit und Zukunft flächendeckend einzufangen. Namhafte und auch unbekanntere zeitgenössische Dichter aller Altersstufen aus Deutschland und Europa geben ihre engagierten poetischen und literarischen Statements zu gesellschaftlichen und politischen Zuständen.

87 Autorinnen und Autoren, u. a. Fritz Deppert, Ingo Cesaro, Ralf Burnicki, Michael Starcke, Raffaele Gatta, Manfred Pricha, Alex Dreppec, Michel Ackermann u. v. m.

wir wölfe – Gedichte

Eine poetische Hommage an unsere Tierwelt

Anthologie, Hrsg. Franziska Röchter, Juli 2016,

Mit Fotos von Heike Großmann und Christine Zeides

chiliverlag, ISBN 978-3-943292-45-9

148 Seiten, Euro 9,90

Annähernd 60 Autorinnen und Autoren, unter ihnen Michael Starcke, Peter Ettl, Esther Ackermann, Thomas Rackwitz, Sören Heim, dichten über die Vielfalt und den Artenreichtum unserer Tierwelt. Aus den Gedichten und den Fotos von Heike Großmann und Christine Zeides spricht eine große Wertschätzung gegenüber Tieren und ein Erkennen ihrer unglaublichen Einzigartigkeit sowie Bewunderung ihrer Schönheit. Mal humorvoll, zunehmend aber auch ernsthaft werden Besonderheiten einiger Tierarten und Wissenswertes poetisch beleuchtet und ihr Dasein in Relation zum Menschen bespiegelt. Mit Gedichten des Anfang 2016 verstorbenen Bochumer Lyrikers Michael Starcke.

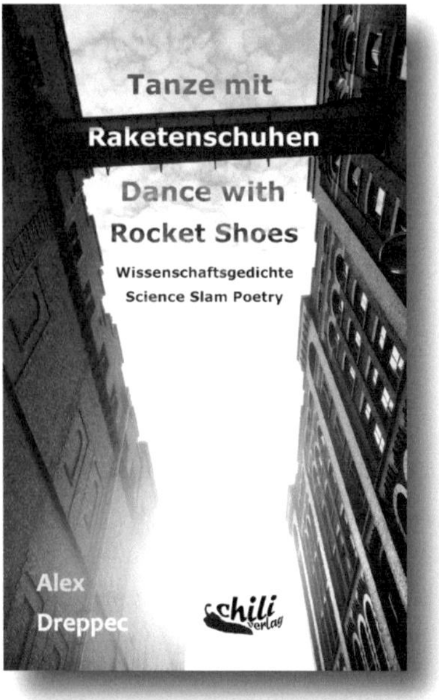

Alex Dreppec, **Tanze mit Raketenschuhen – Dance with Rocket Shoes: Wissenschaftsgedichte – Science Slam Poetry**
chiliverlag, November 2016, ISBN 978-3-943292-50-3,
180 Seiten, 12,00 Euro

Die vorliegende Zusammenstellung von Gedichten, die sich mit wesentlichen Gebieten wissenschaftlicher Disziplinen beschäftigen, um diese durchaus humorvoll zu durchleuchten und zu hinterfragen, ist absolut einzigartig. / The present compilation of poetry, which is about essential fields of academic and scientific disciplines in order to examine and question them in a humorous way, is absolutely unique.

Teile der vorliegenden zweisprachigen Sammlung erschienen vorab in angesehenen Zeitschriften wie „Cincinnati Review", „Notre Dame Review" (USA), „Orbis" (UK) oder „Das Gedicht". www.dreppec.de / Parts of the present bilingual collection were previously printed in renowned journals like „Cincinnati Review", „Notre Dame Review" (USA), „Orbis" (UK) or „Das Gedicht" (Germany). www.dreppec.de

Auf seiner ersten CD **Fernreise** hat er ...
Gedichte vertont und interpretiert sie durch sein Klavierspiel und seine bemerkenswerte Stimme auf ganz eigene Weise.
... erstaunlich stilsicher ...
Hier ist ein Talent auf dem Sprung. *Der Bielefelder 2/2018*